Bibliografische Information der Deutschen Nationalbibliothek: Die Deutsche Nationalbibliothek verzeichnet diese Publikation in der Deutschen Nationalbibliografie; detaillierte bibliografische Daten sind im Internet über dnb.dnb.de abrufbar.

Verlag: BoD · Books on Demand GmbH, In de Tarpen 42, 22848 Norderstedt

Druck: Libri Plureos GmbH, Friedensallee 273, 22763 Hamburg

ISBN: 978-3-7693-1009-2

Jesus kam, um als Vorbild für ein vollkommenes und heiliges Leben zu dienen. In seinem Leben zeigte er den Menschen, wie sie in Beziehung zu Gott und ihren Mitmenschen leben sollten. Er war ein Beispiel für Liebe, Mitgefühl, Vergebung, Gehorsam und Demut. Seine Mission war es, den das Böse und die Angst zu besiegen und die Menschen mit Gott zu versöhnen, sodass sie Zugang zu der universellen Wahrheit haben.

Brach Jesus/Yeshua mit dem Alten Testament ganz oder teilweise?

Ein zentrales Thema in den Lehren Jesu ist die Betonung von Liebe, Vergebung und Barmherzigkeit. Das Alte Testament enthält zahlreiche Gebote und Gesetze, die sich auf rituelle Reinheit und moralische Pflichten beziehen, aber auch auf Vergeltung, wie zum Beispiel „Auge um Auge, Zahn um Zahn" (Exodus 21,24). Jesus hebt jedoch in seiner Bergpredigt diese Gesetzespassagen teilweise auf eine neue Ebene, indem er zum

Das bescheidene Buch, das du in Händen hältst, lädt dich ein, tief über das Leben und die Lehren von Yeshua/Jesus nachzudenken – nicht als einen festgelegten religiösen Pfad, sondern als eine Lebensart, die uns zur inneren Vervollkommnung führt. Wollte Jesus wirklich eine Religion begründen, oder war seine Botschaft nicht vielmehr ein Aufruf zu einem freien, bewussten Leben, das auf Liebe und Demut basiert – jenseits von Angst und Dogmen? Seine Lehren sind zeitlos und universell, sie durchbrechen die engen Grenzen starrer Glaubenssätze und rufen uns dazu auf, mit Offenheit und Unvoreingenommenheit zu handeln. Jesus zeigte uns einen Weg, der auf Mitgefühl, Vergebung und Gerechtigkeit gründet, und der uns ermutigt, in Einklang mit uns selbst, unseren Mitmenschen und der Schöpfung zu leben. In einer Welt, die oft von Unsicherheit und Angst geprägt ist, erinnert uns seine Botschaft daran, dass das Reich Gottes in uns selbst liegt – in unserem Streben nach Wahrheit und in unserem Handeln aus Liebe. Dieses Buch soll nicht nur Wissen vermitteln, sondern dich inspirieren, eine tiefere Lebensweise zu entdecken – eine Lebensweise, die frei von Vorurteilen und Angst ist.

Ruf zur inneren Vervollkommnung: Jenseits von Furcht und Dogma

Geschrieben von einem Menschenfreund

Beispiel sagt: „Liebt eure Feinde" und „Wenn dich jemand auf die rechte Wange schlägt, halte ihm auch die andere hin" (Matthäus 5,39-44). Einige sehen hier einen Bruch mit der Vergeltungsidee des Alten

Während das Alte Testament, insbesondere die Torah, großen Wert auf die Einhaltung der Gebote und Gesetze legt, steht im Neuen Testament oft die Gnade im Mittelpunkt. Der Apostel Paulus betont in seinen Briefen, dass der Glaube an Jesus und seine Gnade wichtiger ist als die strikte Befolgung der jüdischen Gesetze. Dies hat in der christlichen Theologie zur Idee geführt, dass das Gesetz des Alten Testaments durch den Neuen Bund Jesu in gewisser Weise relativiert oder sogar überschritten wurde. Jesus kritisierte auch die strikte Einhaltung von Ritualen und Reinheitsgeboten, die im Alten Testament eine zentrale Rolle spielen. Er sagte zum Beispiel, dass nicht das, was in den Menschen hineingeht (wie Nahrung), ihn unrein macht, sondern das, was aus seinem Herzen kommt (Markus 7,15). Diese Aussage könnte als Bruch mit den diätetischen Gesetzen des Alten Testaments verstanden werden, die strikten Regeln für den Verzehr bestimmter Lebensmittel festlegen.

In einem weiteren Beispiel heilt Jesus am Sabbat, was im Alten Testament als Verstoß gegen das Gebot zur Sabbatruhe angesehen werden könnte. Jesus erklärte jedoch, dass „der Sabbat um des Menschen willen gemacht ist, nicht der Mensch um des Sabbats willen" (Markus 2,27). Er betont hier, dass der Mensch im Mittelpunkt steht und nicht die rituellen Vorschriften.

Opferkult und Jesus als Opfer

Im Alten Testament spielt der Tempel und das Tieropfersystem eine zentrale Rolle in der Beziehung zwischen Gott und den Menschen. Jesus selbst wird im Neuen Testament als das „Lamm Gottes" bezeichnet, das einmal und für immer das ultimative Opfer für die Sünden der Menschheit darbringt. Dies wird als Erfüllung und Ersatz des Opferkultes des Alten Testaments gesehen, was eine tiefgreifende Veränderung in der Beziehung zwischen Gott und den Gläubigen bedeutet. Dies könnte als radikale Abkehr vom alttestamentlichen Opferkult angesehen werden, der in den Tempelritualen eine bedeutende Rolle spielte. Durch seinen Tod am Kreuz, so die christliche Theologie, wird das alttestamentliche Opfersystem mit dem Tier schlachten überflüssig, da Jesus das „vollkommene Opfer" ist, das die Sünden der Menschheit sühnt. Dies wird in der Theologie oft als ein entscheidender Bruch mit den alten Opferritualen gesehen.

Gibt es im Judentum Hinweise auf Vegetarismus?

Ja, auch im Judentum gibt es Hinweise auf Vegetarismus, sowohl in den heiligen Texten als auch in der jüdischen Philosophie und Tradition. Obwohl das Judentum den Verzehr von Fleisch erlaubt und es in der Praxis viele Jahrhunderte lang ein wesentlicher Bestandteil jüdischer Feste und Rituale war, gibt es auch Hinweise und Traditionen, die Vegetarismus befürworten oder zumindest als idealen Zustand darstellen.

Vegetarismus in der Schöpfungsgeschichte

Genesis (1. Buch Mose): In der **Schöpfungsgeschichte** wird in der Tora beschrieben, dass Gott den Menschen ursprünglich eine pflanzliche Ernährung zuweist. In **Genesis 1:29** heißt es:

„Und Gott sprach: Siehe, ich habe euch alles samenbringende Kraut gegeben, das auf der Fläche der ganzen Erde ist, und jeden Baum, an dem samenbringende Früchte sind; es soll euch zur Nahrung dienen."

In diesem Vers wird deutlich, dass die ursprüngliche Ernährung von Mensch und Tier pflanzlich war. Dies wird oft als Hinweis darauf interpretiert, dass der ideale Zustand der Menschheit eine vegetarische Lebensweise war, bevor der Sündenfall und die Verderbnis der Welt eintraten.

Der Messianische Idealzustand: In den Schriften der Propheten gibt es Hinweise darauf, dass in der messianischen Zukunft wieder ein Zustand erreicht wird, in dem Gewalt und das Töten, auch von Tieren, aufhören. In **Jesaja 11:6-9** wird eine Vision des Friedens und der Harmonie beschrieben, in der Raubtiere nicht länger andere Tiere jagen:

„Der Wolf wird beim Lamm wohnen, der Leopard beim Böcklein lagern..."

Dies wird manchmal als symbolische Darstellung einer zukünftigen Zeit gedeutet, in der weder Menschen noch Tiere töten müssen, was als idealer Zustand angesehen wird.

Einige jüdische Gelehrte und Vegetarismus

Einige bedeutende jüdische Gelehrte und Philosophen haben Vegetarismus befürwortet oder praktiziert.

Rabbi Abraham Isaac Kook: Rabbi Kook, der erste aschkenasische Oberrabbiner von Palästinaglaubte, dass der Fleischkonsum eine temporäre Erlaubnis sei und dass die Menschheit in der messianischen Ära zu einer pflanzlichen Ernährung zurückkehren würde. Er argumentierte, dass die ursprüngliche pflanzliche Ernährung der Menschheit in der Schöpfungsgeschichte das ideale göttliche Modell sei.

Rabbi Joseph Albo: Ein mittelalterlicher jüdischer Philosoph, der im 15. Jahrhundert lebte, argumentierte in seinem Werk *Sefer ha-Ikkarim*, dass der Fleischkonsum nicht die ursprüngliche Absicht Gottes war, sondern eine Zugeständnis an menschliche Bedürfnisse nach der Sintflut.

Einige Juden, sowohl in der Vergangenheit als auch in der Gegenwart, haben sich aus ethischen Gründen entschieden, Vegetarier zu sein. Diese Entscheidung basiert oft auf der Verpflichtung, Tiere nicht unnötig leiden zu lassen, und der Überzeugung, dass der Fleischkonsum im modernen industriellen Kontext oft mit Tierquälerei verbunden ist, was gegen das jüdische Prinzip des **Tza'ar Ba'alei Chayim** (Verbot von Tierquälerei) verstößt. Moderne jüdische Vegetarier argumentieren oft, dass es in einer Welt mit ausreichender pflanzlicher Nahrung keine Notwendigkeit mehr gibt, Tiere zu töten.

Gibt es in der aramäischen, östlichen Kirche Hinweise auf Vegetarismus?

In vielen östlichen Traditionen, einschließlich der aramäischen Kirchen verzichten an **jedem Mittwoch** und **Freitag** Priester, Geistliche und auch Laien vollständig auf Fleisch und andere tierische Produkte.
Der Verzicht auf Fleisch und tierische Produkte ist also ein bedeutender Bestandteil des spirituellen Lebens in diesen Traditionen.

Ein aramäischer Geistlicher erklärte mir auf meine neugierige Frage hin, ob der vollständige Verzicht auf Fleisch und tierische Produkte die konsequenteste Form des mittwochs und freitags praktizierten Fastens sei. Er bejahte dies und fügte hinzu, dass es die Annahme gibt, die ersten aramäischen Christen, die sich vom Judentum abwandten und die gleiche alt aramäische Sprache wie Jesus sprachen, vollständig auf den Verzehr von Fleisch verzichteten.

Wissenschaftlicher Aspekt:

Es ist sehr wahrscheinlich, dass der Mensch weniger Fleisch oder gar keines mehr konsumieren würde, wenn er das Tier selbst schlachten müsste. Es gibt mehrere Gründe, die diese Annahme stützen:

Psychologische und emotionale Hürde: Viele Menschen empfinden Abscheu oder moralische Bedenken gegenüber dem Schlachten von Tieren, was zu einer deutlichen Reduzierung des Fleischkonsums führen könnte. Eine Studie des Max-Planck-Instituts (2015) zeigte, dass Menschen, die sich intensiver mit dem Prozess der Fleischproduktion auseinandersetzen, sehr oft viel weniger Fleisch oder gar keines mehr essen.

Ethische Überlegungen: Wenn Menschen den Tod eines Tieres aktiv herbeiführen müssten, würde dies wahrscheinlich stärkere ethische Fragen aufwerfen. Viele Menschen könnten sich unwohl fühlen und ihre Essgewohnheiten überdenken.

Praktische Hürden: Das Schlachten eines Tieres erfordert Wissen, Geschicklichkeit und physische Arbeit. Dies könnte viele Menschen abschrecken und den Fleischkonsum unpraktisch machen.

Verstärkte Wertschätzung: Wer ein Tier selbst schlachten muss, entwickelt möglicherweise eine tiefere Wertschätzung für das Fleisch. Dies könnte höchstwahrscheinlich dazu führen, dass er kaum noch Fleisch konsumieren würde.

Moderne Studien: Untersuchungen haben gezeigt, dass Menschen, die mit der Fleischproduktion oder mit dem Töten von Tieren konfrontiert werden, oft ihren Konsum stark senken oder ganz lassen. Zum Beispiel konnte eine Umfrage unter Vegetariern und Veganern (2019) belegen, dass etwa 50 % von ihnen angaben, ihre Entscheidung zum Verzicht auf Fleisch sei teilweise darauf zurückzuführen, dass sie sich eine Beteiligung am Schlachten nicht vorstellen konnten.

Es ist realistisch anzunehmen, dass der Fleischkonsum bei einem Großteil der Bevölkerung um mehr als 60 % oder mehr sinken könnte, wenn jeder das Tier selbst schlachten müsste. Für manche Menschen könnte der Konsum auf null sinken, während andere möglicherweise weniger Fleisch essen würden. Es kann somit also festgehalten werden, dass die Mehrheit der Menschheit aus der gottgegebene Intuition heraus schon nicht im Stande wäre eine Tierschlachtung zu vollziehen.

Kulturelle und historische Kontexte

Viele der Gesetze und Praktiken des Alten Testaments, wie die strikten Reinheitsvorschriften oder die Regeln für den Tempeldienst, hatten im frühen Christentum nicht mehr die gleiche Bedeutung. Jesus betonte stattdessen universelle Prinzipien wie Nächstenliebe und Gerechtigkeit

Ich Frage...

Darf aufgrund dieser Tatsachen stark davon ausgegangen werden, dass ein kompletter Verzicht auf Fleisch einem höheren Ideal und zu einem besseren befinden führt oder führen kann?

Ist es somit naheliegend, dass das Gebot «**du sollst nicht töten**» und «**geht hinaus in die ganze Welt und verkündet das Evangelium der gesamten Schöpfung**» (**Markus 16:15**) auch die Tiere miteinschliesst?

In **Hiob 12, 7–10** wird offenbart:

7 Doch frage doch das Vieh, und es wird dich lehren, die Vögel des Himmels, und sie werden dir es kundtun;
8 oder rede mit der Erde, und sie wird dich lehren, und die Fische des Meeres erzählen es dir.
9 Wer erkennte nicht an alledem, dass die Hand des Herrn dieses gemacht hat,
10 dass in seiner Hand die Seele alles Lebendigen ist und der Geist jedes menschlichen Fleisches?

Hiob betont, dass alle Lebewesen – und auch der Mensch – von Gott abhängen. In Vers 10 macht er deutlich, dass Gott der Herr über **alles Leben** ist, dass die "Seele alles Lebendigen" **in seiner Hand liegt. Damit unterstreicht er die absolute Abhängigkeit allen Lebens von Gott.**

Lädt diese Passage somit dazu ein, demütig die göttliche Ordnung in der Schöpfung anzuerkennen und nicht über seine Tiere und somit über seine Schöpfung zu richten, da dies allein Gott obliegt?

Oder in **Jesaja 66,3** wird offenbart:

"Wer einen Stier schlachtet, ist wie einer, der einen Menschen erschlägt; wer ein Lamm opfert, ist wie einer, der einem Hund das Genick bricht; wer Speisopfer darbringt, ist wie einer, der Schweineblut opfert; wer Weihrauch spendet, ist wie einer, der einen Götzen verehrt. Ja, sie haben sich ihre eigenen Wege erwählt, und ihre Seele hat Gefallen an ihren Gräueln."

Jesaja vergleicht Opferhandlungen, die im jüdischen Glauben eigentlich als heilig und gesetzmäßig angesehen werden (wie das Schlachten von Stieren oder das Darbringen von Speisopfern), mit abscheulichen und sündhaften Handlungen wie Mord, das Brechen eines Hundehalses. Diese Vergleiche sollen zeigen, dass die Opfer in Gottes Augen genauso abscheulich sind wie diese sündhaften Taten.

Weist die zentrale Botschaft dieses Verses darauf hin, dass Gott von seinem Volk vielmehr die richtige innere Einstellung und die wahre Hingabe mit einem reinen Herz und Lebenswandel fordert?

Und auch in **Jeremia 7,22** wird verkündet:

"Denn ich habe zu euren Vätern nichts gesagt noch ihnen geboten von Brandopfern und Schlachtopfern an dem Tage, da ich sie aus Ägyptenland führte;"

Es ist unmissverständlich eine starke Kritik an der Fixierung des Volkes auf religiöse Rituale und Opferhandlungen. Jeremia betont, dass Gott bei der Befreiung Israels aus Ägypten nicht Brandopfer und Schlachtopfer gefordert hat. Vielmehr lag der Schwerpunkt Gottes auch hier auf dem Gehorsam gegenüber seinen Geboten und dem Aufbau einer Beziehung, die auf Treue, Gerechtigkeit und Moral basiert.

Spiegelt dies wider, dass Gott auch im Alten Testament eine ethische und moralische Lebensführung wichtiger fand als Opfer?

Die ersten Christen, sprich Urchristen

Die Ebioniten, eine frühchristliche ethnisch zum grossen Teil jüdische Gruppe, die etwa im 1. bis 4. Jahrhundert existierte, standen für eine asketische Lebensweise, einschließlich des Verzichts auf bestimmte Nahrungsmittel.

Einige Kirchenväter und historische Quellen, wie die Schriften von Epiphanius von Salamis und Eusebius von Caesarea, deuten darauf hin, dass die Ebioniten vegetarisch lebten. Dies basiert auf der Vorstellung, dass die Ebioniten eine reinere sowohl in spiritueller wie auch physischer und einfachere Lebensweise anstrebten und den

Konsum von Fleisch ablehnten, um Tieropfer zu vermeiden, da sie sich von jüdischen Tempelopfern distanzierten.

Es gibt Hinweise, dass sie in Anlehnung an Jesus und Jakobus, den Bruder Jesu, die vegetarische Lebensweise als Ideal ansahen, da diese führenden Figuren in manchen Traditionen ebenfalls als Vegetarier dargestellt werden. Besonders die enge Verbindung der Ebioniten mit der jüdischen Gesetzesobservanz und der ethischen Betonung könnte ihre Ablehnung von Fleisch erklärt haben. War Jesus somit höchstwahrscheinlich Vegetarier?

Ethik und Lebensweise

Die Urchristen legten großen Wert auf eine ethische Lebensweise, die stark von den Lehren Jesu geprägt war. Dies umfasste:

Liebe und Vergebung: Sie betonten die Liebe zu Gott und allen Lebewesen, die Nächstenliebe und die Vergebung von Sünden.

Gewaltlosigkeit: Viele Urchristen lehnten Gewalt und Vergeltung ab und folgten der Aufforderung Jesu, Feinde zu lieben und auf Vergeltung zu verzichten.

Teilen und Solidarität: Es war üblich, dass die Mitglieder der frühen christlichen Gemeinschaften ihren Besitz teilten und sich gegenseitig in Not unterstützten. In der Apostelgeschichte wird berichtet, dass viele ihren Besitz verkauften und den Erlös in die Gemeinschaft einbrachten, um Bedürftigen zu helfen.

Werden diese Lebensweisen heute durch die Christen und die Vertreter Jesus auf Erden vollzogen?

Welche weitere urchristlichen und christiliche Gruppen gab es noch? Und welche Gemeinsamkeiten wiesen diese auf?

Markioniten, Montanisten, Manichäer, Origenisten, Arianer, Paulikianer, Bogumilen, Katharer, Brüder und Schwestern des freien Geistes, Täufer, Waldenser und Hussiten –

gehören zu unterschiedlichen Bewegungen, die in der Geschichte des Christentums oft als „Häretiker" (Abweichler von der offiziellen Lehre) betrachtet wurden. Trotz ihrer unterschiedlichen geographischen, historischen und theologischen Hintergründe haben sie einige Gemeinsamkeiten:

Kritik an der etablierten Kirche

Alle diese Bewegungen stellten in irgendeiner Weise die Lehren, Autorität oder Praktiken der etablierten christlichen Kirche (meist der römisch-katholischen Kirche) infrage. Sie waren oft eine Reaktion auf das, was sie als Korruption, Machtmissbrauch oder Abweichung vom ursprünglichen christlichen Ideal wahrnahmen.

Die **Markioniten** zum Beispiel lehnten das Alte Testament und Teile des Neuen Testaments ab, weil sie darin einen unbarmherzigen Gott sahen, der nicht zu Jesu Botschaft der Liebe passte.

Die **Waldenser** kritisierten den Reichtum und die Macht der Kirche und forderten ein einfacheres, auf das Evangelium ausgerichtetes Leben.

Abweichungen in der Theologie

Diese Gruppen vertraten oft theologische Positionen, die von der Lehre der offiziellen Kirche abwichen. Viele von ihnen entwickelten alternative Ansichten über die Natur Gottes, die Rolle Jesu, die Sakramente oder die Schöpfung.

Die **Arianer** zum Beispiel lehrten, dass Jesus Christus zwar göttlich, aber nicht auf die gleiche Weise wie Gott der Vater sei – eine Position, die als Ketzerei verurteilt wurde..

Dualismus und asketische Strömungen

Viele dieser Gruppen, insbesondere die **Manichäer, Bogumilen, Katharer** und **Paulikianer**, vertraten eine dualistische Weltanschauung, in der das Materielle als böse oder minderwertig und das Geistige als rein und gut angesehen wurde. Dies führte oft zu asketischen Praktiken, die den Verzicht auf weltliche Genüsse, Reichtum und materielle Güter betonten.

Die **Katharer** zum Beispiel glaubten an einen dualistischen Kampf zwischen einem guten Gott (des Neuen Testaments) und einem bösen Schöpfergott (des Alten Testaments). Sie verwarfen die materielle Welt als böse und strebten nach einem spirituellen, asketischen Leben.

Bibelzentrierung und Rückkehr zu den Ursprüngen

Viele dieser Bewegungen betonten eine Rückkehr zur ursprünglichen Botschaft Jesu und der Apostel und setzten sich für eine Bibelzentrierung ein. Sie lehnten den Klerus und die kirchliche Hierarchie oft ab und vertraten die Idee, dass jeder Gläubige direkten Zugang zu Gott haben sollte, ohne die Vermittlung durch Priester.

Die **Waldenser** und **Hussiten** setzten sich für das Recht aller Gläubigen ein, die Bibel in ihrer eigenen Sprache zu lesen und zu verstehen.

Die **Täufer** verwarfen die Kindertaufe und forderten eine bewusste Entscheidung zur Taufe im Erwachsenenalter, was eine radikale Rückkehr zu den neutestamentlichen Taufpraktiken darstellte.

Verfolgung durch die Kirche

Viele dieser Gruppen wurden von der römisch-katholischen Kirche als ketzerisch betrachtet und verfolgt. Die Kirche reagierte oft mit harten Maßnahmen wie Exkommunikation, Verfolgung oder sogar Kreuzzügen, um diese Bewegungen zu unterdrücken.

- Die **Katharer** wurden im 13. Jahrhundert Opfer eines Kreuzzugs, der die Bewegung brutal niederschlug.
- Die **Waldenser** und **Hussiten** wurden ebenfalls intensiv verfolgt, weil sie die kirchliche Autorität und das Sakramentensystem in Frage stellten.

Ablehnung von kirchlicher Autorität und Hierarchie

Diese Bewegungen stellten oft das hierarchische Modell der Kirche infrage und lehnten die Notwendigkeit eines vermittelnden Klerus zwischen Gott und den Gläubigen ab. Viele von ihnen setzten auf eine egalitärere, laienzentrierte Struktur, bei der jede Person direkten Zugang zu Gott hat.

- Die **Brüder und Schwestern des freien Geistes** sowie die **Täufer** vertraten ähnliche Positionen, dass jeder Gläubige eine direkte und persönliche Beziehung zu Gott haben sollte, ohne die Vermittlung der Kirche.
- Die **Hussiten** forderten Reformen in der Kirche und stellten die Macht und den moralischen Zustand des Klerus in Frage.

Ablehnung bestimmter Sakramente oder Praktiken

Viele dieser Gruppen lehnten bestimmte Sakramente oder religiöse Praktiken der etablierten Kirche ab oder interpretierten sie auf andere Weise.

- Die **Markioniten** und **Katharer** lehnten das Alte Testament und damit auch viele rituelle Praktiken ab, die auf diesen Texten basierten.
- Die **Täufer** lehnten die Kindertaufe ab, da sie der Meinung waren, dass nur Erwachsene nach einem bewussten Glaubensentscheid getauft werden sollten.
- Von den aufgeführten Gruppen waren besonders die **Manichäer**, **Bogumilen**, **Katharer** und die **Markioniten** dafür bekannt, asketische Lebensweisen zu pflegen, die oft mit Vegetarismus verbunden waren

Gemeinsam ist diesen Gruppen, dass sie in ihrer Zeit als oppositionelle Bewegungen gegenüber der etablierten Kirche auftraten, häufig durch reformerische, dualistische, prophetische oder asketische Vorstellungen geprägt waren und eine Rückkehr zu den ursprünglichen, als authentisch angesehenen Werten des Christentums forderten. Sie stellten die kirchliche Autorität infrage, wurden oft verfolgt und entwickelten alternative theologische Konzepte, die von der offiziellen Lehre abwichen.

Lagen all diese früh und spät Christlichen Gemeinschaften falsch, obwohl Sie zentrale Gemeinsamkeiten untereinander aufwiesen, was klar von der etablierten Kirche abwich? Und wieso war die etablierte Kirche so vernarrt darin alle Gebote der nächsten Liebe und das Gebot des nicht Tötens über Board zu werfen, um all diese christlichen Bewegungen zu verfolgen und zu vernichten? Und wieso praktizierten viele dieser christlichen Bewegungen einen vegetarischen Lebensstil?

Wollte Jesus wirklich eine Religion gründen oder doch vielmehr eine Lebensphilosophie vorleben?

Es gibt wichtige Elemente im frühen Christentum, die auch als Lebensphilosophie verstanden werden können, insbesondere im Hinblick auf moralische und ethische Lehren, die das tägliche Leben und Verhalten der Gläubigen prägten. Hier eine detaillierte Betrachtung:

Ethik und moralische Lehren

Beim frühen Christentum gibt es starke ethische und moralische Komponenten, die philosophische Züge tragen und das alltägliche Verhalten der Gläubigen stark beeinflussten. Jesus lehrte zentrale ethische Prinzipien, wie:

Nächstenliebe: „Du sollst deinen Nächsten lieben wie dich selbst." (Matthäus 22,39)

Feindesliebe: „Liebt eure Feinde, tut denen Gutes, die euch hassen." (Lukas 6,27)

Vergebung: „Vergib uns unsere Schuld, wie auch wir vergeben unseren Schuldigern."
(Matthäus 6,12)

Diese Prinzipien gehen über eine einfache religiöse Doktrin hinaus und bieten einen
ethischen Leitfaden für das tägliche Leben, der mit einer philosophischen Lebensweise
vergleichbar ist. Viele dieser Lehren entsprechen einer Art „Lebenskunst" und könnten
in einem breiteren philosophischen Sinne verstanden werden.

Philosophische Einflüsse

In den frühen Jahrhunderten des Christentums gab es Einflüsse aus verschiedenen
philosophischen Traditionen, insbesondere aus der griechischen Philosophie. Christen
wie der Apostel Paulus und später die Kirchenväter (z. B. Augustinus) griffen Ideen aus
der griechischen Philosophie, insbesondere der Stoischen und Platonischen Lehre, auf
und verbanden sie mit der christlichen Theologie.

Die Stoiker betonten Tugend, Selbstbeherrschung und den Einklang mit der Natur, was
mit christlichen Vorstellungen von Tugend, Demut und Selbstdisziplin übereinstimmte.

Die Platoniker betonten die Existenz einer transzendenten Realität, was den
christlichen Vorstellungen von einem himmlischen Reich und der Existenz einer
göttlichen Wahrheit nahekommt.

Das Christentum integrierte philosophische Ideen, um seine Theologie und Ethik
weiterzuentwickeln.

Die frühe christliche Gemeinschaft war auch durch eine konkrete Lebenspraxis
gekennzeichnet, die den Glauben nicht nur als spirituelle Erfahrung, sondern auch als
eine Form des „Lebensstils" betrachtete. In der Apostelgeschichte wird beschrieben,
wie die ersten Christen zusammenlebten, Güter teilten und ein Leben der Armut und
Hingabe führten (Apostelgeschichte 2,44-45). Dies spiegelte eine Art alternative
Gesellschaft und Lebensphilosophie wider, die sich von den damaligen weltlichen
Normen und Werten unterschied. Die christliche Ethik umfasste ein einfaches Leben,
Gewaltlosigkeit, Vergebung und den Dienst an anderen, was einer Lebensphilosophie
nahekommt, die auf Tugenden und ethischen Handlungen basiert.

Ein System der Sinngebung

Eine wichtige Funktion des frühen Christentums war die Sinngebung für das Leben der
Menschen. In Zeiten von Verfolgung, Unsicherheit und sozialer Ungerechtigkeit bot der
christliche Glaube eine Perspektive, die das Leben im Licht des ewigen Lebens und der
Erlösung betrachtete. Diese Weltsicht gab dem Leben der Gläubigen nicht nur eine
moralische Ausrichtung, sondern auch einen tieferen Sinn, was typisch für viele
philosophische Systeme ist.

Der Glaube an ein Leben nach dem Tod und die Möglichkeit der Erlösung durch Jesus gab dem Leben in dieser Welt eine spirituelle und existenzielle Bedeutung, die über rein materielle Ziele hinausging.

Lebensphilosophie im weiteren Sinne

Wenn man den Begriff „Lebensphilosophie" weiter fasst, könnte das Christentum durchaus als eine Form der Lebensphilosophie betrachtet werden, da es klare ethische Prinzipien und Handlungsanweisungen für das tägliche Leben bietet. Es fordert die Gläubigen auf, nach bestimmten Werten zu leben, wie Liebe, Barmherzigkeit, Demut und Vergebung. In diesem Sinne könnte das Christentum als eine umfassende „Lebensphilosophie" angesehen werden, die das persönliche und soziale Leben der Gläubigen tiefgreifend prägte.

Das frühe Christentum enthielt starke ethische und moralische Komponenten, die als Lebensphilosophie verstanden werden könnten. Die Lebensweise, die Jesus predigte, und die ethischen Grundsätze, die er lehrte, haben das Verhalten und die Einstellungen der ersten Christen stark geprägt und könnten in einem weiteren Sinne als Lebensphilosophie interpretiert werden.

Justin der Märtyrer (Lateinisch: Iustinus Martyr)

Justin der Märtyrer (ca. 100–165 n. Chr.) war ein einflussreicher urchristlicher Theologe, der seine Auffassung und Lehren stehts mit Nachdruck nach außen vertrat, seine Lehren und Schriften schlugen eine Brücke zwischen der griechischen Philosophie und dem aufstrebenden Christentum. Er gilt als einer der ersten Kirchenväter und Märtyrer, der christliche Lehre mit philosophischem Denken verband. Hier sind einige Besonderheiten seiner Lehren:

1. Vereinigung von griechischer Philosophie und Christentum

Justin sah keine grundsätzliche Spannung zwischen der griechischen Philosophie und dem Christentum, sondern betrachtete die Philosophie als Vorbereitung auf die Offenbarung, die durch Christus kam. Er argumentierte, dass **das universelle Prinzip der Wahrheit** sowohl im Christentum als auch in der Philosophie eine zentrale Rolle spielte. Für Justin war der nicht nur die Vernunft oder das göttliche Prinzip, das das Universum ordnet, sondern er identifizierte das Prinzip mit Jesus Christus.

Universelle-Theologie: Justin sah Christus als das inkarnierte Prinzip der Wahrheit. Er meinte auch, dass alle Menschen einen Anteil am universellen Prinzip der Wahrheit in sich tragen, weshalb auch vorchristliche Philosophen wie Sokrates oder Platon durch die universelle Wahrheit„erleuchtet" worden seien, obwohl sie Christus nicht kannten.

2. Verteidigung des Christentums gegenüber der Philosophie

Justin widmete sich intensiv der **rationalen Rechtfertigung des Glaubens**. Er wandte sich gegen die Vorwürfe, dass die Christen atheistisch seien oder unmoralische Rituale praktizierten. Stattdessen betonte er, dass das Christentum die höchste Form der Wahrheit und Ethik sei und dass viele der höchsten moralischen Lehren der Philosophen bereits in der Lehre Jesu erfüllt seien.

Er erklärte, dass viele der ethischen Prinzipien der Philosophen – wie die Liebe zur Wahrheit, das Streben nach Tugend oder die Ablehnung von Materialismus – im Christentum ihre höchste Erfüllung fänden.

3. Konzept der göttlichen Wahrheit

Nach Justins Bedeutung, ist jeder Mensch, der nach Wahrheit strebt, gewissermaßen an Christus teilhat, selbst wenn er den christlichen Glauben nicht direkt kennt.

- Diese Lehre ermöglichte es Justin, den Anspruch zu erheben, dass die vorchristlichen Philosophen wie Sokrates und Platon Elemente der göttlichen Wahrheit erfasst hatten, auch wenn sie den vollen Umfang des Logos nicht erkannten. So wurde das Christentum als die Vollendung dessen angesehen, was die Philosophen suchten.

4. Dialog zwischen Christentum und Judentum

In seinem Werk **„Dialog mit dem Juden Tryphon"** stellte Justin eine Diskussion zwischen ihm selbst und einem fiktiven jüdischen Gesprächspartner dar. In diesem Dialog verteidigt er das Christentum gegenüber dem Judentum und argumentiert, dass Jesus der verheißene Messias ist. Justin betont, dass das Christentum die Erfüllung der alttestamentlichen Schriften sei und dass das mosaische sprich alttestamentarische Gesetz durch die Ankunft Christi nicht mehr bindend sei.

- Er bezieht sich intensiv auf das Alte Testament und versucht, es als Vorläufer des Christentums zu interpretieren. Justin sieht in vielen biblischen Geschichten und Prophezeiungen Hinweise auf Jesus Christus und betrachtet die alttestamentlichen Gebote als vorübergehende Vorschriften, die durch den neuen Bund in Christus **abgelöst** und **somit nicht mehr gültig** wurden.

5. Märtyrer-Theologie

Justin war selbst Märtyrer und entwickelte eine **Märtyrer-Theologie**, die das Leiden und Sterben für den Glauben als höchsten Ausdruck der Nachfolge Christi ansah. In seinen „Apologien" verteidigte er das Christentum nicht nur theologisch und philosophisch, sondern auch im Kontext der Verfolgung durch das Römische Reich. Justin und seine Zeitgenossen sahen das Märtyrertum als Beweis für die Wahrheit des Christentums und als Ausdruck der Treue zu Christus.

- Er stellte den Mut und die Standhaftigkeit der Christen angesichts der Verfolgung als Zeichen ihrer göttlichen Wahrheit und die Märtyrer als Vorbilder im Glauben dar. Märtyrer wurden in seiner Sicht zu „Zeugen" (griechisch: „Märtyrer") für die Wahrheit.

6. Verteidigung der christlichen Praxis

Justin verteidigte in seinen Schriften die christlichen Praktiken, die oft missverstanden oder verleumdet wurden. In seiner Verteidigung und Rechtfertigung der Lehre erklärte er die christlichen Rituale wie die Taufe und das Abendmahl und betonte deren geistliche Bedeutung.

- Besonders das **Abendmahl** (Wandlung und Austeilung der Opfergaben) betonte er als zentrale Praxis der christlichen Gemeinschaft, die er mit den Worten Jesu aus den Evangelien erklärte. Er stellte klar, dass es sich dabei nicht um ein gewöhnliches Mahl handelte, sondern um eine echte Teilhabe am Leben und am Opfer und die Opferbereitschaft Jesu. Die Standhaftigkeit und Opferbereitschaft Jesu für die universelle, harmonische und göttliche Wahrheit sollte verinnerlicht und nach Aussen gelebt werden.

7. Rationale Verteidigung des Glaubens

Justin war einer der ersten christlichen Denker, die den Glauben auf rational-philosophische Weise verteidigten. Er sah keine Trennung zwischen Glauben und Vernunft, sondern glaubte, dass der Glaube durch vernünftige Argumente verständlich gemacht werden könne. Er versuchte, das Christentum als die „wahre Philosophie" darzustellen, die die Erkenntnisse der Philosophie auf eine höhere Ebene bringt und die ultimative Wahrheit über die menschliche Existenz und das Universum bietet.

Zusammengefasst waren Justins Lehren besonders, weil er als einer der ersten christlichen Denker war, die griechische Philosophie mit dem Christentum verband, ohne dabei die christliche Botschaft zu verwässern. Er sah Christus als die Erfüllung sowohl der jüdischen Prophezeiungen als auch der **philosophischen** Suche nach Wahrheit. Justin betonte die Vernünftigkeit des Glaubens und entwickelte das Konzept der universellen Wahrheit, dass sowohl im Christentum als auch in der Philosophie eine zentrale Rolle spielte. Seine Schriften trugen entscheidend dazu bei, das Christentum im intellektuellen Umfeld der antiken Welt zu verteidigen und zu legitimieren. „Die Heiligsprechung durch die Kirche impliziert doch auch eine Zustimmung zu seiner Sichtweise, oder nicht?"

Was wollte Jesus/Yeshua mit der Aussage: «das Reich Gottes ist inwendig in euch ausdrücken.» (Lukas 17:21) ?

Jesus sagt damit aus, dass das Reich Gottes in jedem Menschen sein kann, der nach Gerechtigkeit, Liebe und Gottes Willen strebt. Es ist keine äußere, sichtbare Realität, sondern ein inneres geistliches Reich, das durch den Glauben und die guten Taten erfahren wird. Er selbst ist die Verkörperung des Reiches Gottes durch seine edlen Taten und seine Verbundenheit zu Gott , und seine Anhänger können erleben dieses Reich, indem sie ihm nachempfinden. Entscheiden ist hierbei, dass man den Verstand in den Diensten seines Herzens stellt.

Johannes 14:23: „Wenn jemand mich liebt, wird er mein Wort halten; und mein Vater wird ihn lieben, und wir werden zu ihm kommen und Wohnung bei ihm nehmen."In der mystischen Theologie wird oft vom „Leben im Herzen Jesu" gesprochen, das bedeutet, dass der Gläubige sein Leben so gestaltet, dass er in tiefster Einheit mit der Liebe und dem Willen Jesu steht, um das göttliche in sich aufzunehmen und zu erfahren.

Universaler Missionsauftrag Jesus/Yeshua in Markus 16:15

In **Markus 16:15** sagt Jesus zu seinen Jüngern:
„Geht hinaus in die ganze Welt und verkündet das Evangelium **der ganzen Schöpfung**!"

Theologen und Bibelwissenschaftler interpretieren „ganze Schöpfung" wörtlicher und beziehen es auf **alle Lebewesen** und die gesamte **geschaffene Welt** – also nicht nur die Menschen, sondern auch die Natur, Tiere und das gesamte Universum.

Jesus macht damit deutlich, dass **alle Geschöpfe** in Gottes Augen wertvoll sind, und die Schöpfung hat einen **inneren Wert**. In der Erlösungsgeschichte wird die gesamte Schöpfung von Jesus erneuert und befreit, was zeigt, dass die Natur und die Tiere in den göttlichen Plan der Erneuerung eingeschlossen sind. Kann man somit daraus folgern, dass Jesus die von Gott geschaffene Natur und die Tierwelt als gleichberechtigte Geschöpfe zum Menschen betrachtet hat? Wenn das so ist, kann man daraus schliessen, dass nicht der Mensch über Natur und Tier richten darf, sondern nur Gott?

Wollte Jesus, dass wir ihm nachfolgen und seine Lehren verinnerlichen, anstatt ihn als ein von uns getrenntes Wesen zu betrachten und nur anzubeten? Jesus betonte wiederholt seiner Lehre und seinem Dienst nachzueifern. Er sagte:

- Lukas 9:23: „Wenn jemand mir nachfolgen will, der **verleugne sich selbst** und nehme sein Kreuz auf sich täglich und folge mir nach."

- Johannes 13:15: „Denn ich habe euch ein Beispiel gegeben, damit ihr tut, wie ich euch getan habe." Diese Verse betonen, dass die Nachfolge Jesu zentrale Handlungen und Einstellungen erfordert – Barmherzigkeit, Liebe, Dienst und Hingabe.

Im Kern bedeutet **„sich selbst leugnen"**, dass man lernt, sich in den Dienst einer höheren Berufung zu stellen und die egozentrischen Tendenzen und das Ego des menschlichen Lebens zugunsten eines harmonischen Lebensstils aufzulösen, indem man sein Handeln in den Diensten seiner gottgegebenen Intuition und Gefühl stellt und auch danach handelt, denn die Wahrheit Gottes zwischen Gut und Böse unterscheiden zu können steckt in jedem von uns.

Ein Beispiel der Gottgegebenen universellen Wahrheit zwischen Gut und Böse unterscheiden und danach handeln zu können:

Stell dir vor, du befindest dich in unmittelbarer Nähe und wirst Zeuge einer verstörenden Szene: Ein kräftiger, erwachsener Mann, dessen Gesicht von Wut und Boshaftigkeit entstellt ist, schlägt mit brutaler Entschlossenheit auf ein wehrloses Kleinkind ein. Jeder Hieb zeugt von Gewalt und Unbarmherzigkeit, und die Atmosphäre ist von einer bedrückenden Schwere erfüllt. Der Anblick lässt in dir Fassungslosigkeit und Entsetzen aufsteigen, während das Kind vollkommen schutzlos dieser brutalen Kraft ausgeliefert ist. Was vermitteln dir in diesem Augenblick die dir von Gott gegebenen Gefühle? Richtig, ein Gefühl der schweren Ungerechtigkeit und Disharmonie, es sollte also unvermeidlich sein, dass in einer solchen Situation der nächste Schritt das furchtlose Eingreifen zur Tat sein sollte, denn es gibt keinen Raum für Zögern, denn nur durch entschlossene Aufopferung kann das Leben und die Unversehrtheit des Kindes bewahrt werden. **Mutig, selbstlos und ohne Angst** gilt es, das Opfer zu schützen und die Gewalt zu stoppen – in diesem Moment wird das Eingreifen zur Rettung und Schutz einer Seele unabdingbar. **Hast du diese Entschlossenheit?**

Wenn wir alle fähig wären, nicht nur nach den gottgegebenen Gefühlen zu befinden, sondern auch danach zu handeln, dann würde diese Welt ein völlig anderer Ort sein. Die Menschlichkeit, die in jedem von uns verankert ist, ist die Grundlage für eine gerechtere und mitfühlendere Gesellschaft, in der nicht nur Gedanken und Gefühle, sondern auch entschlossene Taten das harmonische Zusammenleben bestimmen und beeinflussen.

Petrus, dreifache Verleugnung von Jesus

Angst und Selbsterhaltungstrieb, der Druck der Umstände und die Schwäche, waren die Gründe warum Petrus Jesus mehrfach leugnete. War diese Haltung, Lebensart und Ausdruck des Inneren wie auch Äusseren ausreichend, um Jesus Nachfolge anzutreten? Nehmt euch einen Moment Zeit und beantwortet diese Frage still für euch selbst.

Wurde die Kirche unter Kaiser Konstantin als Macht Instrument missbraucht, um seine Position zu stärken?

Es wird oft argumentiert, dass der römische Kaiser Konstantin der Große (306–337 n. Chr.) das Christentum als Machtinstrument nutzte, um seine politische und soziale Kontrolle über das Römische Reich zu stärken. Während seine persönlichen religiösen Überzeugungen diskutiert werden, ist es klar, dass seine Beziehung zur Religion auch politische Motive hatte.

Gründe, warum Konstantin das Christentum möglicherweise als Machtinstrument sah:

1. Einheit und Stabilität im Reich:

   Das Römische Reich war zu Konstantins Zeit tief gespalten, sowohl politisch als auch religiös. Es gab zahlreiche Konflikte, insbesondere zwischen verschiedenen religiösen Gruppen. Das Christentum, das damals wuchs, bot eine Möglichkeit, religiöse Einheit zu schaffen und das Reich zu stabilisieren. Durch die Legalisierung des Christentums (mit dem Edikt von Mailand 313 n. Chr.) stellte Konstantin sicher, dass eine wachsende und bedeutende Gruppe der Gesellschaft hinter ihm stand.

   o Er erkannte, dass das Christentum als einigendes Element fungieren könnte, da es bereits über starke organisatorische Strukturen verfügte.

2. Macht über die Kirche:

   o Konstantin bemühte sich aktiv, die Kirche unter seine Kontrolle zu bringen, indem er in interne kirchliche Angelegenheiten eingriff. Ein Beispiel dafür ist seine Rolle im Konzil von Nizäa im Jahr 325 n. Chr., bei dem wichtige theologische Streitigkeiten, insbesondere über die Natur Christi, diskutiert wurden. Konstantin spielte eine Schlüsselfigur dabei, den Arianismus (eine christliche Lehre, die Jesus als von Gott geschaffen und nicht gleich ewig ansah) zu verurteilen und die Glaubenslehre zu festigen. Auf diese Weise stellte er sicher, dass die Kirche im Einklang mit seinen politischen Zielen stand.

3. Persönlicher Machterhalt:

   o Konstantin verstand, dass die Unterstützung einer breiten religiösen Bewegung ihm helfen würde, seine Herrschaft zu festigen. Er baute große Kirchen (wie die ursprüngliche Peterskirche in Rom) und unterstützte das Christentum großzügig, was seine eigene Position sowohl als weltlicher als auch als religiöser Führer stärkte. Indem er sich mit der neuen Religion verband, gelang es ihm, seine Herrschaft in einer Zeit der Instabilität abzusichern.

4. Sakrale Legitimität:

   o Konstantin nutzte das Christentum, um seine Herrschaft durch göttliches Recht zu legitimieren. Seine Taufe kurz vor seinem Tod und seine Förderung des Christentums vermittelten das Bild eines gottgewollten Herrschers. Indem er das Christentum als offizielle Religion des Reiches etablierte, konnte er auch die religiöse Legitimität seiner Herrschaft sicherstellen.

Während Konstantin das Christentum höchstwahrscheinlich als Machtinstrument sah, ist es schwer zu beurteilen, inwieweit seine persönliche Überzeugung eine Rolle spielte. Viele sehen seine Handlungen vor allem als pragmatisch an, um das zerstrittene Reich zu stabilisieren und seine Macht zu festigen.

Fazit:

Konstantin spielte eine entscheidende Rolle bei der Förderung des Christentums im Römischen Reich, und es gibt viele Hinweise darauf, dass er die Religion auch als politisches Mittel zur Stärkung seiner Macht und zur Stabilisierung des Reiches einsetzte. Seine Unterstützung für das Christentum war von politischen Motiven geprägt, und die Vereinigung von Staat und Kirche, die er einleitete, prägte die europäische Geschichte für Jahrhunderte.

Die Katholiken und die Peterskirche und Petersplatz (Wallfahrtsort der Katholiken und Sitz des Papstes= Vetreter Gottes auf Erden)

Die Finanzierung war maßgeblich durch den Verkauf von **Ablassbriefen**, Spenden und Steuererhebungen gesichert. Hier sind die Hauptquellen der Finanzierung:

Ablasshandel: Einer der kontroversesten Wege zur Finanzierung der Peterskirche war der **Verkauf von Ablassbriefen**. Ablässe versprachen den Gläubigen eine Verkürzung ihrer Zeit im Fegefeuer im Austausch für Geldspenden. Papst **Leo X.** genehmigte den Verkauf von Ablässen, um Mittel für den Bau der Peterskirche zu sammeln. Der Missbrauch des Ablasshandels war eines der Auslöser der **Reformation** und der blutigen Auseinandersetzungen zwischen Christen.

Der Obelisk in Rom am Petersplatz ist ein Symbol für die Sonnengottheiten, insbesondere als Ehrung für den Sonnengott Ra. Sie waren also Teil der ägyptischen Religion, was sie zu einem „heidnischen" Symbol in der christlichen Terminologie macht. Wieso wurde die Peterskirche nicht als Jesuskirche und der Petersplatz als Jesusplatz eingeweiht?

Folgende Gräueltaten wurden im Namen der Religion oder durch katholische Institutionen begangen. Diese Gräueltaten wurden oft in Zeiten begangen, in denen Religion und Politik eng miteinander verbunden waren. Hier sind einige der schwerwiegendsten:

1Die Kreuzzüge (11. bis 13. Jahrhundert):

Die Kreuzzüge wurden von der katholischen Kirche unterstützt und hatten das Ziel, das Heilige Land von muslimischen Herrschern zurückzuerobern. Sie führten zu weit verbreiteter Gewalt und Massakern sowohl an Muslimen als auch an Juden. Ein berüchtigtes Beispiel ist das **Massaker von Jerusalem** im Jahr 1099, bei dem Kreuzritter Tausende von Muslimen und Juden in der Stadt töteten.

Die **Albigensischen Kreuzzüge** (1209–1229), die von Papst Innozenz III. gegen die Katharer in Südfrankreich gestartet wurden, waren ebenfalls äußerst brutal. Dabei wurden Zehntausende getötet, einschließlich vieler Zivilisten.

Die Inquisition:

Die **Inquisition**, insbesondere die **Spanische Inquisition** (1478–1834), ist ein weiteres dunkles Kapitel in der Geschichte der katholischen Kirche. Ziel der Inquisition war es, Ketzerei zu bekämpfen und den katholischen Glauben zu verteidigen. Tausende Menschen, darunter Juden, Muslime und Protestanten, wurden wegen „Ketzerei" verfolgt, gefoltert und hingerichtet.

Besonders in Spanien und Portugal wurden Juden und Muslime, die sich zum Christentum bekehrt hatten, verdächtigt, ihren Glauben heimlich weiter auszuüben und wurden grausam verfolgt. **Tausende Menschen wurden verbrannt** oder auf andere Weise hingerichtet.

Die Hexenverfolgungen:

Im Mittelalter und in der frühen Neuzeit führte die katholische Kirche Hexenprozesse durch, bei denen Menschen, meist Frauen, der Hexerei beschuldigt, gefoltert und oft hingerichtet wurden. Diese Verfolgungen fanden insbesondere im 16. und 17. Jahrhundert statt.

Schätzungen zufolge wurden zwischen **40.000 und 100.000 Menschen** wegen Hexerei hingerichtet, wobei viele von katholischen Inquisitoren verfolgt wurden.

Zwangsbekehrungen und Kolonialismus:

Mit der europäischen Kolonisierung Amerikas, Afrikas und Asiens wurde die katholische Kirche oft in Zwangsbekehrungen und die gewaltsame Unterdrückung indigener Völker verwickelt. Katholische Missionare begleiteten oft die europäischen Eroberer, und indigene Völker wurden gezwungen, zum Christentum zu konvertieren oder wurden getötet.

Ein berüchtigtes Beispiel ist die Rolle der Kirche bei der **Eroberung Lateinamerikas** durch die Spanier, wo Millionen indigene Menschen durch Gewalt, Krankheit und Zwangsarbeit starben.

Der Umgang mit der Sklaverei:

Die katholische Kirche unterstützte in bestimmten Epochen direkt oder indirekt die Sklaverei. Obwohl es vereinzelt Päpste gab, die Sklaverei verurteilten, unterstützten einige Kirchenvertreter die Versklavung afrikanischer und indigener Völker während der Kolonialzeit. Missionare waren oft Teil der kolonialen Struktur, die auf Sklavenarbeit aufbaute.

Unterdrückung im Namen der Kirche:

Während der protestantischen Reformation verfolgte die katholische Kirche Andersdenkende brutal. Insbesondere in katholisch dominierten Ländern wie Spanien, Italien und Frankreich wurden Protestanten verfolgt, gefoltert oder getötet. Das **Massaker an den Hugenotten** in der Bartholomäusnacht 1572 ist ein grausames Beispiel, bei dem Tausende französische Protestanten ermordet wurden.

Skandale der Moderne:

In jüngerer Zeit hat die katholische Kirche durch die **Missbrauchsskandale** weltweit schweres Leid verursacht. Priester, die sexuellen Missbrauch an Kindern begangen

haben, wurden von kirchlichen Autoritäten oft geschützt oder die Taten wurden
vertuscht. Diese systematische Vertuschung durch kirchliche Institutionen hat in der
modernen Zeit erheblichen Schaden am Ansehen der Kirche angerichtet und wurde von
vielen als „Gräueltat" gegen Schutzbedürftige gewertet.

Fazit:

Die katholische Kirche und Institution war in zahlreiche gewaltsame und ungerechte
Ereignisse verwickelt. Diese Gräueltaten resultierten oft aus der Verflechtung von
Religion und Politik, Machtstreben und dem Missbrauch von Autorität. Viele dieser
dunklen Kapitel wurden in der modernen Zeit von der Kirche bedauert und verurteilt,
aber sie hinterlassen dennoch tiefe Spuren in der Geschichte.

Die Reformation Luthers

Die lutherische Kirche selbst war Mitakteur bei Gräueltaten, aber die Ideen und
Schriften von Martin Luther spielten in mehreren historischen Kontexten eine Rolle, die
zu Gewalt, Verfolgung und sozialen Unruhen führten. Luthers Einfluss auf soziale und
politische Spannungen im Heiligen Römischen Reich sowie seine Ansichten über Juden
hatten weitreichende Folgen für die europäische Geschichte.

Auch bei den **reformierten Gläubigen** kam es zu Hexenverfolgungen und -
verbrennungen. Die Hexenprozesse des 16. und 17. Jahrhunderts waren nicht auf die
katholische Kirche beschränkt, sondern fanden in vielen Regionen Europas statt,
unabhängig von der vorherrschenden Konfession. Auch in protestantischen Gebieten
wurden Menschen, die der Hexerei beschuldigt wurden, gefoltert und oft hingerichtet.

Kann man also festhalten, dass sowohl die katholische als auch die reformierte Kirche
auf Idealen und Praktiken aufgebaut wurde, die von Gewalt und Verfolgung geprägt
waren und in keiner Weise mit dem vorgelebten Leben und den Lehren (Siehe Beispiele
Unten) von Jesus übereinstimmen?

- Du sollst deinen Feind lieben
- Selig sind die Friedensstifter, denn Sie werden Kinder Gottes heissen
- Selig sind die Barmherzigen, denn Sie werden Barmherzigkeit erlange

Islam

Im Laufe der Jahrhunderte gab es mehrere Ereignisse, bei denen im Namen des Islam
Gräueltaten verübt wurden. Hier sind einige der bedeutendsten historischen Beispiele:

1. Frühe islamische Eroberungen (7. bis 9. Jahrhundert):

Nach dem Tod des Propheten Mohammed im Jahr 632 n. Chr. begann das islamische
Kalifat eine Phase der militärischen Expansion, die oft mit Gewalt verbunden war. Die
islamischen Armeen eroberten innerhalb weniger Jahrzehnte ein riesiges Gebiet, das
von der Iberischen Halbinsel bis nach Indien reichte. Dabei kam es zu Gewalt gegen

Zivilisten, Zwangsbekehrungen und der Zerstörung von Kulturgütern in den eroberten Gebieten.

Ein Beispiel ist die Eroberung von Persien (Sassanidisches Reich) und Byzanz (im Nahen Osten), bei denen Städte geplündert und Widerstand niedergeschlagen wurden.

2. Massaker bei der Eroberung von Indien:

In Indien verübten einige islamische Eroberer im Mittelalter Gräueltaten, insbesondere während der Herrschaft von Mahmud von Ghazni (971–1030) und später durch die Mogulherrscher. Es kam zu Zwangsbekehrungen, Massakern an Hindus und der Zerstörung von hinduistischen Tempeln. Einige Berichte, wie die von zeitgenössischen Gelehrten, schildern Massaker an Zivilisten während der Eroberung von Städten wie Somnath.

3. Islamistische Gewalt in der Moderne:

In der modernen Zeit haben extremistische Gruppen, die sich auf den Islam berufen, zahlreiche Gräueltaten verübt. Al-Qaida, ISIS und die Taliban haben weltweit Terroranschläge begangen und Massaker an Zivilisten verübt. Diese Gruppen handeln zwar nicht im Namen des Islam als Ganzes, aber sie rechtfertigen ihre Taten oft durch eine extremistische Interpretation der Religion.

Beispiele sind der der ISIS-Völkermord an den Jesiden im Irak (2014), und zahlreiche Terroranschläge in Europa, Asien und Afrika.

Wieviel vom Vermächtnis Jesu lebt heute noch in der gelebten Praxis des Christentums und des Islams, mit den Prinzipien von Gerechtigkeit, Mitgefühl und Menschlichkeit weiter? Nehmt euch einen Moment Zeit und beantwortet diese Frage still für euch selbst.

Ist die Welt heute durch das Dasein dieser Weltreligionen, sprich Institutionen ein besserer Ort geworden?

Leider nein, das **20. Jahrhundert** gilt allgemein als eines der blutigsten in der Geschichte der Menschheit. Dies ist auf eine Reihe von verheerenden Kriegen, Genoziden, Revolutionen und gewaltsamen Konflikten zurückzuführen, die in einem bisher ungekannten Ausmaß stattfanden und zu mehr als über **150 Millionen Toten** geführt hat.

Ist es unter diesen Umständen berechtig, wenn ich sage, wir sind vom Weg der Wahrheit und somit von Jesus abgekommen? Ist es somit auch berechtigt, wenn ich die vorherrschenden Glaubensgemeinschaften und Institutionen wie die Kirche und auch den Islam hinterfrage? I

Sind wir nicht alle dazu aufgerufen, die Worte und Taten Jesu in unserem Leben umzusetzen und zu befolgen, um eine bessere Welt zu schaffen?

Weisheit des Blicks

Kinder

Kinder spiegeln die Gefühle ihrer Umgebung wider – rein, empfindsam und verletzlich. Sie sind kein Besitz, sondern Geschenke Gottes, die uns anvertraut werden, um aus dem vorgelebten Gleichgewicht heraus in eine harmonische Zukunft begleitet zu werden. Sie tragen in sich das Potenzial einer besseren Welt, sie sind die Liebe, die wir in uns tragen, unsere Hoffnung für morgen, Sie sind unsere Kinder.

Die Welt als ein grosses Ganzes

Der Mensch wurde in verschiedene Regionen der Erde, in unterschiedlichen Zeitgefügen, Farben und Aussehen erschaffen, damit eine positive Dynamik entsteht, diese Vielfalt bereichert unser gemeinsames Leben und weckt die Neugier, aufeinander zuzugehen, bis wir schließlich zu einem großen, einheitlichen Ganzen verschmelzen, denn auch aus der Mondperspektive sieht man nicht mehr und nicht weniger als ein grosses Ganzes.

Geschenk

Du bist heute das geworden, was dir die positiven wie auch negativen Erfahrungen geschenkt haben.

Sein

Man muss nicht reisen, um zu finden, wenn man wird oder ist, so wird man unabhängig von Allem gefunden, auch wenn es von aussen her nicht den Anschein macht, denn du warst und du bist und du wirst niemals von Allem getrennt sein, denn Alles war niemals von dir getrennt.

Ausstrahlung

Nicht die Art und Weise wie du deinen Bart trägst, dich bedeckst, ein Kreuz um den Hals trägst oder betest, sagt etwas darüber aus, ob du mit deinem Glauben oder deiner Art zu Leben auf dem richtigen Pfad bist sondern viel mehr deine Ausstrahlung.

Friede

Wahrer Frieden und Erholung findet man nicht in äußeren Dingen oder in der Ferne, sondern in der eigenen inneren Ausgeglichenheit.

Gott, Allah, Elohim, die Vollkommenheit

Der Zugang zur Vollkommenheit war und ist immer da und wird immer da sein. Ihr seid nahe, aber dennoch fern, angestrahlt, aber geblendet. Solange der Verstand über euren Herz thront, so wird ihr geblendet statt erleuchtet sein.

Der Kopf der sich nicht dem Herzen fügt

Die Ignoranz ist ein abgrenzendes Konstrukt des Verstandes, indem man die Gefühle unterdrückt, um sich in belanglosem zu verlieren. Ist man mit solch einem Verhalten noch ein emotionales und bewusstes Wesen? Spendet nicht auch die Sonne allumfassend, bedingungslos und unbegrenzt Licht? Existiert da wo Licht und Liebe ist eine Trennung?

Unbefangenheit

Wenn du jemanden wahrnimmst, nimmst du Ihn oder Sie als gegenwärtiges Individuum wahr oder nimmst du Ihn oder Sie als ein Individuum wahr in welche die Vergangenheit oder die Zukunft einfliesst? Falls du Ihn oder Sie als Projektion von vergangenem und zukünftigem wahrnimmst, wer ist dann der wahre von dir unbefleckte Mensch, der im jetzt und hier vor dir steht? Ist dieses gegenwärtige Geschöpf Gottes es nicht wert unbefangen wahrgenommen zu werden? Falls nein, kannst du Ihn oder Sie so wirklich wahrhaftig wahrnehmen und annehmen?

Erleuchtung

Man nimmt das durchdringende Leuchten des Strahlens auch aus weiter Ferne wahr, wenn sich die Verschlossenheit dem Licht gegenüber öffnet.

Liebe

Die Liebe ist nicht besitzergreifend oder verlangend, Sie ist grenzenlos, bedingungslos, vollkommen und nährend. Sie ist in seiner Lichtkraft stets da, man muss in absoluter Unbefangenheit zu Ihr durchdringen, um Liebe werden zu können und wenn man die Liebe geworden ist, dann strahlt man Sie aus und wenn man Sie ausstrahlt, dann strahlt Sie im selben Bewusstseinszustand zurück.

Licht

Berühre jeden Menschen mit aufrichtiger und ungefilterter Liebe, damit derjenige der mit offenem Herzen die Liebe empfängt und spürt, bewusstwird was er in sich trägt, um es zu kultivieren.

Gier

Habsüchtige teilen, um zu herrschen. Unfreie unterwerfen sich diesem Spiel, indem sie sich an die geteilten Konstrukte klammern. Doch wahrhaft frei sind jene, die sich dem Spiel verweigern.

Wasser

So wie das Wasser aufgrund von Unebenheiten in Bewegung kommt, um letztendlich in der Ausgeglichenheit zu Ruhen, so weisen auch unsere Gefühle, Licht, sprich Gott, den Weg welcher beschritten werden soll, damit innere Ruhe einkehrt.

Wahre Intelligenz

Nicht die Anhäufung von begrenzten Begriffen zeugt von Intelligenz, sondern die Fähigkeit mit einem unbefangenen und gütigen Herzen die eigenen und die Gefühle der Mitmenschen wahrhaftig wahrnehmen und danach handeln zu können.

Architektur der Angst

Polizei/Militär: Die Angst, nicht für die eigene Sicherheit sorgen zu können.

Richter: Die Angst, keine Gerechtigkeit zu erfahren, weil man Ungerechtigkeit erleidet oder verursacht.

Politiker: Die Bequemlichkeit, Entscheidungen anderen zu überlassen, was zur Fremdbestimmung führt.

Nation und Fahne: Abgrenzungen und die Unfähigkeit die Welt als Einheit zu sehen und das unnötige Verlangen irgendwo hingehören zu wollen, um nicht «verloren» zu gehen. Der Wunsch nach Identität.

Identität: Festhalten an einem Ego und somit verhaftet, sprich unfrei zu sein. Die Abgrenzung zwischen dir und mir. Die Angst, ohne das Ego niemand zu sein.

Besitz: Temporär ausgeliehene Illusion, sprich Materie, die nach dem Übergang ins Jenseits wieder der Erde überlassen wird.

Angst: Eine abgrenzende illusorische Projektion des Verstandes von vergangenem und zukünftigem, um dich vom wahrhaften Leben im Moment abzuhalten um dich in die Vergangenheit und die Zukunft zu verführen.

Niemand: Vergleicht nicht, profiliert nicht, besitzt kein Ego und ist befreit von der Angst und somit auch von der Vergangenheit und der Zukunft, lebt und wirkt intuitiv und fügt sich somit dem grossen Ganzen (SEIN) um dadurch alles zu werden.

Voreingenommenheit

Wir wollen nicht vergessen (1. & 2. Weltkrieg) welches Ende ein unbegründeter Hass zwischen Menschen, in Form der Voreingenommenheit wie z.B. Nationalismus, Religion, Überzeugung (Produkt der illusorischen Angst) nehmen kann. Wieso also differenzieren, wenn man Gemeinsamkeiten suchen kann? **Wieso abgrenzen, wenn man vereinen kann?** Wieso hassen, wenn man Lieben kann?

Wer bin ich?

Aus unserer Wahrnehmung heraus bin ich eine flüchtige Erscheinung in einer Welt, die durch Raum und Zeit bestimmt ist, doch aus der Perspektive der Relativitätstheorie, die die Zeit als Illusion betrachtet, scheine ich nicht zu existieren. In Wahrheit sind wir, ohne Raum und Zeit, Teil eines größeren Ganzen – **All-Eins**. Wir sind gleichberechtigte Geschöpfe Gottes, vereint in diesem kosmischen Zusammenhang.

Der Körper, der mir für diese Lebensreise geliehen wurde, stammt aus der Mitte der Erdmassen, aus dem Land, das als Wiege der Menschheit gilt. Der Name, der mir gegeben wurde, bedeutet "himmlischer Herrscher" oder "himmlisches Blut" – ein Geschenk meiner Eltern, die mich, frei von Glaubensdogmen, aufwachsen ließen. Dies ermöglichte es mir, offen und unvoreingenommen nach der allumfassenden Wahrheit zu suchen, die schließlich ihren Weg in mein Herz fand.

Erfahrungen an der Schwelle zwischen Leben und Tod sowie längere Aufenthalte in spirituellen Zentren wie Varanasi, Sarnath, Anatolien und Jerusalem, sowohl in dominierenden Glaubensgemeinschaften als auch in Geheimgesellschaften wie der Freimaurerei, prägten meinen Weg. Im Grade eines Meister verlies ich die Freimaurerei und den solomonischen Tempel, da mir bewusst wurde, dass die Abgrenzung zwischen "Wir und Sie" die universelle Einheit behindert.

Geleitet von meinen Gefühlen, fand ich den Zugang zur Wahrheit und entschloss mich, nach dieser Wahrheit zu leben und zu handeln. Trotz der Verwirrung und Beeinflussung in der Welt, die oft unser Handeln einschränkt, darf uns nichts davon abbringen, Jesus nachzustreben. Ich erlebte eine Annäherung an diese Herrlichkeit, die mich vollkommen erfüllte. In dieser Verbindung gab es keine weiteren Wünsche oder Bedürfnisse – nur das größte Glück, das man auf Erden erfahren kann, getragen und ausgestrahlt von dieser Erfahrung.

Um diese tiefe Verbundenheit mit Gott, dem Schöpfer, und Jesus zu erfahren und zu leben, benötige ich weder eine Religion, sprich Institution noch eine Organisation. Diese Verbindung und Erfahrung kann direkt und ohne Vermittler (ohne Religion) geschehen.

Epilog

Wenn wir über das Leben und die Lehren von Jesus nachdenken, wird uns bewusst, dass seine Botschaft weit über die religiösen Dogmen hinausgeht. Sie fordert uns auf, unser eigenes Leben zu hinterfragen und nach höheren ethischen Prinzipien zu streben. Die Reise durch dieses Buch war eine Reise zu den Wurzeln des Glaubens, aber auch zu einer tieferen Bedeutung unseres Menschseins. Jesus lehrte uns, dass wahre Nachfolge nicht im blinden Gehorsam, sondern im aktiven Leben der Liebe und Gerechtigkeit liegt. So wie er sein Kreuz trug, werden auch wir aufgefordert, unsere eigenen Lasten in Demut und Hingabe zu tragen. Dieses Buch endet hier, doch die Gedanken und Impulse, die es weckt, werden uns auf unserem weiteren Lebensweg begleiten. Die Entscheidung liegt bei jedem von uns: Wollen wir den Weg Yeshuas gehen und das innere Licht in uns erwecken, um so eine positive Veränderung in uns selbst zu bewirken und dadurch die Welt um uns herum zu verbessern oder verbleiben wir in den Schatten der Ignoranz? Das Reich Gottes ist inwendig in uns – mögen wir es in jedem Moment erkennen und danach leben.